AF454664

LES INCENDIES DE FORÊTS

EN 1922

RAPPORT

PRÉSENTÉ PAR

M. BARRIS DU PENHER

DÉLÉGUÉ FINANCIER

ET ADOPTÉ PAR

La Délégation des Colons

Le Conseil Général de Constantine

et le Comité permanent consultatif des Forêts

ALGER

IMPRIMERIE ADMINISTRATIVE VICTOR HEINTZ

41, Rue Mogador, 41

—

1923

LES INCENDIES DE FORÊTS EN 1922

RAPPORT

PRÉSENTÉ PAR

M. BARRIS DU PENHER

DÉLÉGUÉ FINANCIER

ET ADOPTÉ PAR

La Délégation des Colons
Le Conseil Général de Constantine
et le Comité permanent consultatif des Forêts

Messieurs,

Vous avez bien voulu me charger de rechercher les causes des importants sinistres qui ne cessent chaque année de décimer les plus beaux boisements de la Colonie et qui, l'été dernier encore, se sont élevés au nombre de 600, anéantissant 80.000 hectares de forêts domaniales et particulières, dont plus de la moitié pour la seule région de Bône.

Vous m'avez prié, en outre, de vous signaler les remèdes qu'il convient d'apporter de toute urgence à une situation dont la gravité exceptionnelle n'a pas échappé à votre vigilance coutumière.

Le sujet qui nous occupe présente un intérêt vital pour l'avenir de l'Algérie, aussi, son extrême importance m'a-t-elle amené à faire précéder cette étude de quelques considérations d'ordre général et je l'ai divisée ensuite en trois parties distinctes sous les rubriques suivantes :

Les causes des incendies;

Les mesures de préservation;

Les mesures de répression.

CONSIDÉRATIONS GÉNÉRALES

On peut évaluer à trois millions d'hectares l'étendue des surfaces boisées de la Colonie.

Sur ce chiffre, 2.400.000 appartiennent à l'Etat, 440.000 appartiennent aux communes et 160.000 appartiennent aux particuliers.

Les forêts se rencontrent principalement dans le Tell et l'Atlas Tellien, ainsi que dans la zone montagneuse qui sépare les Hauts-Plateaux du Sahara.

Les massifs les plus importants sont situés dans le Tell Constantinois et ils atteignent le taux de boisement le plus élevé dans les régions de Djidjelli et de la frontière tunisienne.

Partout ailleurs, ce taux est notablement insuffisant et il faut en rechercher la cause tout autant dans le régime climatérique du pays, que dans les mœurs pastorales des populations indigènes, dont le mépris de l'arbre est poussé à ses plus extrêmes limites.

Il semble que les historiens romains aient voulu créer une légende quand il nous est donné de lire leurs descriptions enthousiastes « sur la beauté des épaisses forêts dont est recouverte l'Afrique romaine et la fertilité de ses plaines si belles, ressemblant à un jardin fleuri ».

Si cette vision n'a pas été surfaite, il faut convenir que le mal causé par les invasions vandales et arabes et plus tard par les populations sédentaires a été formidable, puisque d'immenses régions sont devenues de véritables déserts et que le régime des eaux en a été entièrement bouleversé.

Chacun sait, en effet, le rôle prépondérant que joue la forêt dans tout pays et principalement dans un pays de sécheresse.

Aussi ne devons-nous pas être surpris que le déboisement systématique poursuivi pendant des siècles dans toute l'Afrique du Nord, ait fini par agir sur l'humidité de l'air, qu'il ait diminué les sources, provoqué les torrents, déterminé la sécheresse et l'aridité.

D'ailleurs, l'influence exercée par les forêts sur les pluies, sur les nappes souterraines et sur les sources a été largement démontrée par des expériences multiples entreprises en France et dans différents pays depuis plus d'un demi-siècle.

Des expériences comparatives ont été faites dans les principaux pays d'Europe et d'Amérique et toutes ont démontré que les stations forestières reçoivent annuellement un volume d'eau représentant en moyenne le double de celui que reçoivent les stations agricoles avoisinantes.

Cette diminution du volume d'eau s'accentue progressivement suivant la situation plus éloignée qu'occupent les terres par rapport à la forêt.

La démonstration n'est donc plus à faire que la forêt est surtout appelée à jouer un rôle d'intérêt général et cet intérêt se trouve encore amplifié dans un pays de sécheresse comme l'Algérie.

Il n'est, par conséquent, pas exagéré de prétendre que l'universalité des habitants de ce pays est intéressée au plus haut point à la conservation de la forêt, source inappréciable de richesse publique.

Aussi les mesures préconisées pour la préserver se justifient-elles pleinement par l'influence bienfaisante des boisements sur le régime des pluies et sur la régularisation du climat, ainsi que sur la consolidation des sols en pentes et leur protection contre les érosions et le ruissellement.

L'Etat a donc le devoir essentiel de tout mettre en œuvre pour assurer le maintien des boisements existants et pour faciliter la reconstitution des portions déboisées, alors même que ces opérations représentent pour lui plus de charges que de bénéfices.

L'Etat, puissance publique, n'est pas, en effet, un exploitant ordinaire. Il a une mission plus haute et des devoirs généraux à remplir envers la collectivité. Il doit non seulement assurer la sécurité des biens et des personnes, mais aussi, et dans les mêmes conditions, conserver au pays sa richesse collective la plus précieuse, la forêt.

Sa mission lui est d'ailleurs facilitée au point de vue budgétaire par la mise en valeur de ses richesses forestières, dont l'exploitation constitue à l'heure actuelle un des facteurs importants de la production algérienne.

Les recettes procurées par l'exploitation du domaine forestier de l'Etat permettaient avant la guerre de couvrir toutes les dépenses d'exploitation.

Il n'en va plus de même aujourd'hui par suite de conditions économiques moins favorables qui, d'ailleurs, sont susceptibles de s'améliorer dans l'avenir.

Mais quand bien même les dépenses d'entretien, de surveillance et de préservation des forêts algériennes devraient demeurer supérieures aux recettes, il convient de bien préciser que l'intérêt supérieur du pays s'oppose à ce qu'elles soient réduites et qu'il est rigoureusement indispensable, au contraire, d'élever notre effort financier à la hauteur de nécessités inéluctables.

Dans son magistral rapport sur le budget de l'Algérie, présenté au Parlement en 1892, l'éminent homme d'Etat que fut Burdeau écrivait cette phrase d'une vérité saisissante et dont l'actualité n'a pas diminué : « Quand bien même ces dépenses ne devraient avoir pour résultat que de rendre à l'Algérie les forêts dont son climat a besoin, elles seraient déjà impérieusement nécessaires. » Et il ajoutait plus loin : « Il y a une façon infaillible, en sylviculture comme en agriculture, de gaspiller son argent : c'est d'en dépenser trop peu. »

Peut-on dire que l'on ait tenu depuis cette époque un compte suffisant des conseils de haute sagesse donnés par cet excellent Français, conseils qui lui étaient dictés par une connaissance approfondie de la situation particulière à ce pays et par une exacte compréhension de son avenir?

Il est permis d'en douter quand il nous est donné de constater l'effroyable destruction dont le patrimoine forestier de la Colonie a été l'objet depuis ces trente dernières années.

J'entends bien que les incendies n'ont peut-être pas été plus nombreux, ni plus importants, que durant les périodes précédentes, mais il est impossible de ne pas reconnaître qu'ils ont été infiniment plus nuisibles.

Il ne faut pas perdre de vue, en effet, que toutes les forêts de chênes-liège appartenant à l'Etat ont été progressivement mises en valeur depuis 1892, c'est-à-dire, en d'autres termes, que tous les arbres ont été rendus plus sensibles à l'action du feu par l'enlèvement de leur écorce protectrice.

Aussi s'ensuit-il que l'incendie est maintenant d'autant plus à redouter que la mise en valeur des massifs est plus avancée.

A l'heure actuelle, deux incendies, parcourant un même boisement à quelques années d'intervalle, en détruisent automatiquement tous les arbres, tandis qu'autrefois, avant le démasclage, le feu passait et repassait sans causer trop grand dommage.

D'ailleurs, rien ne vaut l'éloquence des chiffres et je n'en veux citer que les principaux.

L'ensemble des superficies boisées parcourues par les incendies depuis un demi-siècle représente le chiffre effarant de deux millions d'hectares.

Il convient de remarquer, toutefois, que le fléau ravage périodiquement un certain nombre de contrées et qu'il atteint plus fréquemment certaines d'entre elles.

Cette particularité est relativement heureuse, sinon il n'existerait pour ainsi dire plus de forêts en Algérie à l'heure actuelle.

L'ensemble des pertes résultant de ces incendies peut se chiffrer approximativement à deux cents millions pour toutes les forêts de la Colonie, si je m'en réfère à des calculs d'ordre commercial, calculs qui n'ont peut-être rien d'administratif, mais qui ont toutes mes préférences, car ils tiennent le plus grand compte des réalités.

Les forêts de chênes-liège, tant domaniales que communales et particulières, représentent 475.000 hectares environ.

La valeur de ces forêts étant de beaucoup supérieure à celle des autres essences, malgré leur plus faible étendue, on peut estimer leurs pertes à 50 % du montant des pertes totales subies par l'ensemble des forêts de la Colonie, soit environ cent millions de francs.

Il convient enfin de noter que les deux tiers au moins des pertes totales sont imputables à la seule période qui s'étend de l'année 1892 à nos jours, c'est-à-dire depuis l'époque où l'on a achevé de mettre en valeur toutes les forêts de la Colonie.

On peut estimer, en outre, que les peuplements qui ont été très gravement atteints ou qui sont ruinés définitivement représentent au bas mot 250.000 hectares.

Sur ce chiffre, les forêts de chênes-liège domaniales, communales et particulières, entièrement et définitivement ruinées, représentent environ 120.000 hectares.

Cette situation lamentable apparaît d'autant plus inquiétante pour l'avenir, qu'à l'action dévastatrice du feu vient s'ajouter celle non moins redoutable du pâturage quand il s'exerce dans des peuplements brûlés ou fatigués par des abus antérieurs.

Cet autre fléau, qui est généralement la cause déterminante de l'incendie, achève de consommer la ruine de la forêt, en empêchant définitivement sa reconstitution.

Il tombe sous le sens qu'au point de vue économique la question des incendies de forêts de toutes essences, et particulièrement des forêts de chênes-liège, qui ont le plus de valeur et qui font vivre des milliers d'ouvriers, présente une incontestable et croissante gravité.

Aussi, n'est-il pas exagéré de prétendre que si une surveillance très active et plus efficace n'est pas exercée, si des mesures très énergiques de répression ne sont pas prises et si un effort financier plus grand n'est pas consenti, il n'existera plus de forêts en Algérie avant un demi-siècle.

LES CAUSES DES INCENDIES

Avant l'occupation française, les importants boisements de l'Algérie tenaient, dans la vie économique du pays, la place qui leur est réservée dans les sociétés de civilisation rudimentaire et de mœurs simples ; ils servaient surtout de terrains de parcours pour l'entretien d'un bétail qui constituait la principale, sinon la seule richesse des habitants.

De tout temps, sous la domination turque notamment, les incendies étaient, en Algérie, des événements d'autant plus courants que les populations indigènes, plus encore qu'aujourd'hui, demandaient à la flamme le débroussaillement de leurs terres de cultures et le renouvellement périodique de leurs parcours.

La Revue officielle de la situation des établissements français d'Algérie signalait, en 1853, que: « Beaucoup d'autres causes inhérentes aux habitudes des indigènes contribuent encore à arrêter le développement et la reproduction des forêts. Ainsi, pendant la sécheresse, alors que l'herbe manque pour la nourriture des troupeaux, les arabes mettent le feu aux broussailles afin de renouveler les pâturages et de faire surgir à la sève d'automne de jeunes pousses herbacées qu'ils font brouter à leur bétail.

Les statistiques des incendies de forêts établi avant et depuis la création du service fores font ressortir un fait qui paraît frappant au premier abord : c'est la périodicité des grands sinistres.

Ces grands sinistres se sont produits, en effet, au cours des années 1863-1865, 1871-1874, 1881, 1892, 1894, 1902-1903, 1913, 1917-1919-1920 et 1922.

Les années de crise grave se reproduisent donc presque régulièrement tous les dix ans, mais il convient de noter que depuis la guerre les incendies sont devenus plus fréquents.

La cause unique de la périodicité des grands incendies réside dans le simple fait qu'au bout d'une période de dix ans les broussailles, beaucoup trop hautes, empêchent l'herbe de pousser et que les touffes de diss sont devenues trop ligneuses pour être broutées par les animaux.

Les multiples mises à feu qui ont provoqué, entre le 6 et le 2 août dernier, la destruction des superbes massifs des Beni-Salah et du Bou-Abed, soit 45.000 hectares de forêts domaniales et particulières, procèdent de ce même cycle infaillible et qui ne varie pas.

L'extrême siccité des boisements due à une période anormale de sécheresse, ainsi que l'intensité du siroco, ont favorisé singulièrement ces incendies et en ont permis l'énorme développement.

Les rapports des agents du service forestier et des communes mixtes signalent que la multiplicité et la simultanéité des mises à feu, ainsi que leurs emplacements judicieusement choisis, prouvent surabondamment qu'ils ont été allumés volontairement. Ils signalent, en outre, que des indigènes appelés pour combattre le feu n'ont pas hésité à aggraver le mal par des mises à feu supplémentaires allumées en périphérie de l'incendie initial. Cette particularité achève de démontrer l'idée bien arrêtée des incendiaires d'anéantir ces importants boisements.

Les différents rapports administratifs sont d'accord sur le mobile principal qui a guidé les incendiaires et ils sont nettement d'avis que, dans la plupart des cas, c'est le seul désir de régénérer les pâturages par le feu.

En admettant même, comme le croit l'Administrateur de la commune mixte de l'Edough, que d'autres mobiles aient pu se faire jour, il n'en est pas moins vrai que la simultanéité de ces mises à feu prouve bien un concert qui, sans être uniformément préalable, a, dans tous les cas, réuni tous les concours empressés des incendiaires.

Il importe peu, en effet, que les incendiaires, qui ont concouru à allumer ou à développer simultanément les différents foyers de ces incendies, aient été animés de mobiles différents, car le résultat qu'ils ont recherché et obtenu présente à tous égards le caractère indéniable d'une œuvre collective.

Il est infiniment probable, d'autre part, malgré les affirmations contraires et purement gratuites des djemàas de la Cheffia et des Beni-Amar, que les mises à feu constatées sur les lieux de l'incendie principal du 8 juin, aussi bien que celles observées en bordure de cet incendie, ont eu pour mobile essentiel la régénération des pâturages.

Il ne faut pas oublier, en effet, que la sécheresse persistante de l'année dernière avait fait disparaître, dès le mois de mai, toute végétation herbacée et tout élément de nourriture strictement nécessaire à l'alimentation des animaux.

En mettant le feu à ces forêts dès le mois de juin, les détenteurs de troupeaux ne se privaient donc pas de pâturages qui étaient devenus inexistants et ils ne s'en privaient pas de façon plus hâtive que s'ils avaient incendié ces boisements au mois d août.

D'ailleurs, que l'on ne s'y trompe pas, il est rare, dans cette importante région qui s'étend de Bône à la frontière tunisienne, que les détenteurs des grands troupeaux laissent pacager leurs animaux en forêt pendant la période d'extrême sécheresse.

Ils recherchent, au contraire, en cette saison, des pâturages plus frais et ils envoient leurs animaux pacager sur toutes les nombreuses surfaces marécageuses du littoral, dont les eaux, en se retirant progressivement dès les premières chaleurs, laissent à découvert des herbes qui, sans être de premier choix, permettent néanmoins aux animaux de subsister.

Mais il est possible, toutefois, que l'incendie du 8 juin ait été allumé prématurément, ainsi que le prétendent les djemâas intéressées, et cela ne prouverait rien autre qu'un manque de prévoyance et de réflexion de la part des incendiaires, qui ne sont pas toujours des modèles d'intelligence.

D'ailleurs, et tout en se gardant de trop généraliser, il convient néanmoins de ne pas négliger l'expérience du passé.

Il n'est pas inutile, pour se faire une opinion fondée en cette matière, de lire les rapports des grands incendies, rapports si consciencieux et si documentés, qui ont été établis par différentes commissions d'enquête depuis plus de cinquante ans.

En 1866, la Commission d'enquête concluait « que les incendies avaient été volontairement allumés par les indigènes par suite de leurs anciennes habitudes pastorales et agricoles et sur un ou deux points seulement, dans un esprit de malveillance particulière ».

En 1873, la Commission d'enquête concluait exactement dans le même sens.

En 1891, la Commission signalait « que la cause unique des incendies avait été, de l'aveu même des indigènes, le désir de se créer des pâturages et de purger le sol de la broussaille. »

En 1903, la Commission d'enquête déclarait « que les incendies avaient été systématiquement allumés pour amener la forêt à l'état de maquis ou de friche pouvant déterminer son abandon par la suite comme biens communaux aux gens du pays ». Elle soulignait, en outre « l'importance des bénéfices que le pâturage de novembre et de mai était susceptible de procurer et elle reconnaissait que la perspective de semblables profits expose les indigènes à la plus forte des tentations ».

En 1913, les conclusions de la Commission d'enquête sont absolument identiques.

Il est impossible de n'être pas frappé de la concordance des avis exprimés par les différents commissaires qui ont eu à étudier ce même problème au cours de cette période d'un demi-siècle.

Des avis identiques ont été également formulés plus récemment par l'Administration forestière, à propos des incendies de 1917, 1919 et 1920.

Le rapport soumis aux délégations financières en 1921 s'exprime ainsi : « Il a été reconnu que les incendies se sont multipliés en 1920, d'abord parce que l'été a été particulièrement sec, mais surtout parce que les indigènes ont cherché à étendre par des incinérations les surfaces de parcours à la disposition de leur bétail, plus nombreux qu'autrefois par suite de la hausse des prix.

Ils ont cédé d'autant plus facilement à cette sollicitation de leur intérêt qu'aucune répression énergique n'a suivi les grands incendies des années 1916, 1917, 1918 et 1919.

Il convient de noter, en effet, que la recrudescence des incendies de forêts, qui s'est manifestée au cours de ces dernières années et bien avant la fin de la guerre, est en concordance étroite avec la valeur plus grande acquise par le bétail et qu'elle est, en outre, en relation directe avec le développement parallèle et intensif qu'a pris l'élevage.

Les nécessités de la guerre, qui ont provoqué en Europe une extrême pénurie de bétail, ont favorisé en Algérie l'exportation des animaux et ont assuré d'importants bénéfices aux détenteurs de troupeaux.

Cette situation économique nouvelle a, sans aucun doute, permis à une branche importante de la production algérienne de se développer, mais elle a, par contre, été la cause déterminante d'une plus grande destruction du patrimoine forestier et elle a valu à la collectivité des pertes irréparables non seulement dans le présent, mais surtout dans l'avenir.

La question qui se pose est donc de savoir si les intérêts particuliers de quelques-uns doivent primer les intérêts généraux les plus essentiels de la collectivité.

La réponse ne saurait évidemment être douteuse et l'examen de ce problème, le plus grave pour l'avenir de la Colonie, fait apparaître le danger qu'il y aurait à développer exagérément l'élevage aux dépens du patrimoine forestier.

Or, rien n'est plus facile que de restreindre l'élevage pratiqué en forêt et de le ramener à des proportions raisonnables, et cette possibilité nous est fournie par les textes mêmes des lois en vigueur, dont l'inapplication et l'inobservation sont la véritable cause du mal dont nous souffrons.

Il y a lieu, en effet, de rappeler que la loi forestière du 21 février 1903 interdit expressément le pâturage en forêt à *tous les animaux de commerce* et c'est donc sans droit aucun que les grands maquignons, européens et indigènes, utilisent des parcours que la loi réserve formellement *aux seuls animaux de travail et aux seules vaches laitières* des habitants des douars, c'est-à-dire aux seuls véritables usagers.

Il y a lieu également de rappeler que le parcours des communaux de douars est de même exclusivement réservé aux seuls animaux appartenant aux habitants des douars.

Rien n'est donc plus facile que de limiter un élevage qui s'exerce illégalement et de façon si préjudiciable, et les moyens de parvenir à ce résultat seront indiqués dans les chapitres de ce rapport qui traitent des mesures de préservation et de répression.

Il est d'ailleurs permis de se demander si le développement et la mise en valeur éminemment souhaitable des surfaces cultivées, soit qu'il s'agisse de l'extension à donner à la colonisation française, soit qu'il s'agisse d'une meilleure utilisation des terres indigènes, n'est pas incompatible avec un accroissement démesuré donné à l'élevage du bétail.

Il serait très dangereux, en effet, d'assimiler le littoral algérien, généralement composé de terres fertiles, à un pays de grand élevage, car celui-ci ne pourrait s'exercer qu'au détriment de la culture, autrement dit au détriment de la véritable richesse du pays et des productions les plus utiles et les plus indispensables à la France et à sa Colonie.

L'histoire de toutes les civilisations nous apprend que la mise en valeur d'un pays a toujours entraîné logiquement une diminution de l'élevage extensif au grand air et que celui-ci a été normalement remplacé par un élevage plus scientifique qui, bien qu'étant plus restreint, donne de meilleurs résultats par un accroissement plus important du poids des animaux et par une amélioration sensible de la qualité de la viande.

Il y a évidemment en toutes choses une question de mesure et de proportion à observer et il faut nécessairement rechercher l'équilibre qui s'impose.

Les rapports administratifs nous signalent qu'en ce qui concerne l'importante région sinistrée l'été dernier dans les environs de Bône, d'énormes troupeaux de commerce sont répartis chez la plupart des riverains de la forêt et que ces troupeaux appartiennent, soit à des indigènes fortunés, presque toujours étrangers aux douars, soit à des capitalistes européens habitant les grandes villes.

Les petits cultivateurs des douars sont, en général, trop pauvres pour acheter des bêtes, et ils se voient confier d'importants troupeaux en achaba par les gros détenteurs.

Les conclusions des différents rapports sont à peu près identiques et elles laissent clairement entendre que ce sont ces gros détenteurs de bêtes de commerce qui ont le plus grand intérêt à faire mettre le feu aux forêts pour assurer des pâturages à leurs innombrables animaux.

Ces gros maquignons n'hésitent guère devant pareille mesure, car ils sont poussés par l'appât d'un gain très élevé et certains d'entre eux réalisent des bénéfices qui se chiffrent par des centaines de mille francs chaque année.

Le rapport de l'Inspecteur des forêts de Bône évalue à plus de 8.000 têtes de bétail les troupeaux appartenant aux gros et petits propriétaires de cette région, et il estime à plus de douze cent mille francs les bénéfices que ceux-ci sont susceptibles de réaliser en 1923, par suite de l'engraissement et de la plus-value des bêtes.

Il est hors de doute que l'appât de gains aussi élevés incite fortement les détenteurs de troupeaux d'abord à incendier les forêts et ensuite à contrevenir à la loi en y faisant pâturer leurs animaux.

Ils le font d'autant plus volontiers qu'il n'y a pas d'exemple qu'un incendiaire ait pu être pris et que la répression pour délit de pâturage dans les forêts brûlées est tout à fait insuffisante.

Les amendes qui leur sont infligées, les rares fois qu'ils peuvent être pris en défaut, sont absolument dérisoires au regard des gains énormes qu'ils réalisent.

Ils ont donc tout intérêt à brûler les forêts et il tombe sous le sens que ces détestables pratiques, qui vont se développant chaque année, ne pourront être efficacement enrayées que si les incendiaires sont mis dans l'impossibilité absolue de bénéficier du produit de leur crime en ne pouvant utiliser les pâturages après l'incendie.

Une application rigoureuse de la loi et une série de mesures à prendre au double point de vue préventif et répressif peuvent seules permettre d'obtenir ce résultat dont dépend exclusivement la conservation de nos forêts.

MESURES DE PRÉSERVATION

Dans sa circulaire du 3 mars 1921, M. le Gouverneur général Abel a prescrit un certain nombre de mesures préventives fort judicieuses, dont nous donnerons l'analyse plus loin en y joignant nos observations et en y ajoutant un certain nombre de propositions nouvelles.

Mais il nous paraît nécessaire de signaler tout d'abord que s'il existait une surveillance mieux appropriée et partant plus efficace de nos massifs forestiers, les pertes annuelles résultant des incendies pourraient être réduites des deux tiers.

Il est hors de doute que si nos forêts étaient mieux surveillées, nous n'aurions pas à déplorer chaque année la destruction systématique du patrimoine boisé de la Colonie, dont la conservation est pourtant plus que jamais nécessaire au maintien et au développement de la principale richesse de ce pays, l'agriculture.

Il n'est pas inutile de rappeler qu'avant l'occupation française, les populations autochtones jouissaient de droits aussi arbitraires qu'illimités et abusifs sur les forêts.

Par la suite, l'exploitation rationnelle de nos richesses forestières et les mesures prises pour les préserver, ainsi que l'organisation du service forestier, ont imposé une réglementation que les populations ont difficilement admise pendant longtemps et qu'elles ont toujours supportée impatiemment.

Pour aider à un changement aussi radical dans les coutumes séculaires des populations, il eût fallu non seulement assurer au service forestier des moyens d'action adéquats aux difficultés à surmonter, mais il eût fallu, en outre, que ses agents fussent en nombre suffisant pour faire face à leurs multiples et périlleuses obligations.

Or, le service forestier a constamment été impuissant pour la raison essentielle que ses prépo-

sés ont toujours été en nombre notoirement insuffisant au regard des énormes surfaces boisées con-
fiées à leur surveilance.

L'histoire de l'organisation du service forestier
en Algérie constitue une longue série de tâtonne-
ments et de demi-mesures qui n'ont, finalement,
jamais donné de bons résultats.

Il a fallu, d'abord, la dure leçon des grands
sinistres qui dévastèrent plus de 400.000 hectares
entre 1861 et 1881, soit le quart des forêts algériennes, pour que l'on se décidât à diminuer
l'étendue des cantonnements et à augmenter le
nombre des agents.

Cette première réorganisation ne donna qu'un
semblant de satisfaction parce qu'elle laissait subsister des distances encore trop considérables à
parcourir.

Les agents forestiers continuaient, de ce fait, à
se débattre dans des difficultés inextricables qui
rendaient impossible l'accomplissement de leur
mission.

C'est ainsi que l'étendue des cantonnements
variait de 100 à 200.000 hectares et celle des triages de 5 à 12.000 hectares.

Des représentants éminents des populations et
de l'Administration firent observer à cette époque
que, dans un pays où le mépris de l'arbre était
poussé à un si haut point, il convenait avant toutes choses d'exercer sur les boisements une surveillance particulièrement active et très étroite.

Ils proposèrent, dans ce but, d'affecter aux cantonnements et aux triages des surfaces qui ne fussent pas sensiblement supérieures à celles fixées
pour les forêts de la Métropole, où pourtant les
risques d'incendie sont incomparablement moins
nombreux.

Ils signalaient que l'étendue moyenne des cantonnements ressortait en France à 20.000 hectares
et que l'étendue moyenne des triages des gardes
ne dépassait pas 800 hectares.

De nombreux vœux émis par les Conseils généraux de l'époque signalèrent cette impérieuse nécessité et réclamèrent la réalisation immédiate de
cette mesure.

Les avis qualifiés ne manquèrent pas, mais, comme toujours, il fallut que de nouveaux et importants sinistres eussent accumulé de nouvelles ruines
pour que l'Administration se décidât à s'émouvoir
et à entrer dans la voie qui lui était logiquement
tracée.

Ce ne fut guère qu'à partir de 1895 qu'un remaniement des cantonnements et des triages commença à être opéré, c'est-à-dire à partir du moment
où l'Etat entreprit sérieusement la mise en valeur
de ses importantes richesses forestières.

L'étendue des cantonnements fut ramenée à 25
ou 30.000 hectares en moyenne et celle des triages
à 3 ou 4.000 hectares.

Les enseignements qui nous sont fournis par
l'étude des grands incendies survenus au cours de
cette dernière période trentenaire, ainsi que notre
expérience particulière des questions forestières,
nous apportent la démonstration qu'en ce qui concerne les triages, tout au moins, les étendues actuellement dévolues à chaque garde leur interdisent
pratiquement toute possibilité d'y exercer une surveillance efficace.

Si l'on observe les distances considérables que
les agents ont à parcourir, non seulement le jour,
mais surtout la nuit, qui est le moment le plus propice que choisissent les délinquants pour faire pâturer leurs animaux dans le brûlé, on est obligé de
se rendre compte des difficultés énormes et des
dangers sérieux qu'ils rencontrent dans l'accomplissement de leur mandat.

L'impossibilité dans laquelle se trouvent placés
les gardes d'exercer une surveillance suffisante
porte, en outre, atteinte à leur autorité et il s'ensuit que leur intervention ne cesse de soulever des
colères, qui peuvent d'autant plus se donner libre
cours que les sanctions sont nulles ou dérisoires.

Un grand nombre d'agents ont d'ailleurs payé de leur vie leur dévouement à la chose publique, et puisque nous sommes amenés à parler du personnel forestier, qu'il nous soit permis de rendre un juste hommage au zèle et au dévouement de ces modestes agents.

Qu'il nous soit permis de dire que les attaques dont ce personnel a été trop souvent l'objet, ont été presque toujours imméritées.

Certes, il peut bien y avoir eu et il y a eu, çà et là, quelques défaillances, mais ce sont des exceptions et l'ensemble du service a su se maintenir à la hauteur de la tâche qui lui incombait.

C'est également avec regret qu'il nous a été donné le constater, en de trop nombreuses circonstances, que le Service forestier a été peu secondé ou peu soutenu par la haute Administration.

Son impuissance a été le plus souvent le tait des Pouvoirs publics qui ne lui ont jamais procuré les moyens d'action strictement indispensables à l'accomplissement de sa lourde tâche, et qui ont contribué le plus souvent à énerver son action par des circulaires et par des mesures tendant à affaiblir les dispositions pourtant déjà si bénignes de la loi.

Il n'est donc pas douteux que la première mesure préventive à prendre contre les incendies consiste tout d'abord à renforcer le personnel forestier et à diminuer l'étendue des cantonnements et des triages, suivant l'exemple salutaire qui nous a été donné par la Métropole.

Aussi, en présence de la recrudescence des incendies qui s'est manifestée au cours de ces dernières années, nous regrettons que l'Administration ait procédé, en 1923, à une diminution du personnel et à une augmentation de l'étendue des cantonnements et des triages.

Bien que cette mesure ait été inspirée par un louable souci d'économie, elle nous apparaît d'autant plus inopportune et dangereuse que, pour les raisons développées dans le chapitre précédent, l'audace des incendiaires ne cesse de croître et qu'il convient d'assurer une surveillance plus active que jamais, principalement dans les forêts brûlées.

Nous avons la conviction que si l'on se refuse à augmenter le personnel et si l'on tend, au contraire, à le diminuer, le manque de surveillance qui s'en suivra ne pourra que favoriser non seulement la destruction par le feu de nos forêts, mais également l'anéantissement, par la dent des animaux, des forêts brûlées en voie de reconstitution.

On ne saurait donc trop répéter que les économies à réaliser sur le personnel actif des cantonnements et des triages ne peuvent être que des économies extrêmement nuisibles.

L'Administration forestière devrait plutôt tendre à obtenir un meilleur rendement de son domaine et elle devrait être tenue de s'organiser commercialement de façon à pouvoir vendre ses lièges à des prix convenables, comme le font tous les exploitants de forêts particulières.

Le système de vente employé de tout temps par l'Etat est archaïque et ne répond plus aux nécessités modernes de la concurrence mondiale..

Si l'Etat veut pouvoir vendre ses lièges au meilleur prix, il lui faut nécessairement se plier aux nécessités commerciales, qui obligent impérieusement le producteur à faire subir à ses lièges une préparation qui en augmente la valeur, qui l'obligent enfin et surtout à rechercher en France et à l'étranger la clientèle susceptible de s'intéresser à ses classements et de les payer un prix suffisamment rémunérateur.

En s'organisant ainsi de façon rationnelle, l'Etat serait à même, comme tous les particuliers, de ne pas perdre d'argent et même d'en gagner.

Nous touchons là, évidemment, à la véritable cause du déficit considérable qu'occasionne au budget de l'Algérie l'exploitation de son domaine forestier.

Cette importante question, bien que méritant toute notre attention, sort évidemment par trop du cadre de cette étude pour que nous puissions nous y appesantir davantage, mais nous tenons à dire qu'elle fait l'objet d'un travail très complet que nous publierons prochainement.

CIRCULAIRE DU 3 MARS 1921

Parmi les mesures de préservation que vise la circulaire de M. le Gouverneur général Abel, en date du 3 mars 1921, il convient de relever les trois plus importantes : la première ayant trait à l'ouverture des grandes tranchées de protection ; la seconde à l'incinération administrative des broussailles des communaux et des forêts ; la troisième à la mobilisation organisée des populations riveraines.

Ces trois mesures présentent une importance capitale.

La première est destinée à circonscrire l'incendie et à l'empêcher de se communiquer à la généralité des boisements de la même forêt.

Pour parvenir à ce résultat, il est indispensable que ces tranchées, dont l'emplacement doit être judicieusement choisi, soient suffisamment larges pour pouvoir arrêter les grands incendies.

Il est bon d'indiquer qu'une tranchée de moins de 300 mètres de largeur est incapable d'arrêter un incendie dans la plupart des cas, surtout quand celui-ci est activé par un violent siroco.

Il y a donc un intérêt évident à ne pas multiplier les tranchées étroites et à ne faire que des tranchées de grande largeur.

Nous eussions aimé que la circulaire indiquât la très grande utilité que présente la division des forêts en massifs séparés.

Cette division, dont chaque fraction ne devrait pas dépasser trois mille hectares, est certainement la mesure la plus propre à circonscrire les incendies, car si l'un des îlots venait à s'enflammer, les autres se trouveraient protégés automatiquement.

En outre, la division des massifs permettrait de

mieux organiser la défense avec l'aide des chantiers de secours.

On peut affirmer que cette excellente mesure serait de nature à réduire dans une très forte proportion les surfaces incendiées chaque année.

Il convient d'indiquer également que ces séparations périmétriques faciliteraient considérablement la surveillance des agents forestiers.

La circulaire indique que les grandes tranchées devront être soigneusement débarrassées de toute substance combustible et qu'il est nécessaire d'enlever tous les arbres, y compris les chênes-liège.

Il n'est pas douteux que si l'on veut que ces tranchées jouent un rôle utile et justifient la dépense élevée qu'elles représentent, il y a lieu d'en supprimer radicalement tous les arbres.

En effet, lorsque le feu arrive, les flammèches enflamment les feuilles des branches et l'incendie se propage d'arbre en arbre jusqu'au côté opposé de la tranchée.

Les chantiers de défense sont impuissants contre la propagation de l'incendie qui passe au-dessus de la tête des hommes et c'est ainsi que la tranchée la mieux entretenue devient parfaitement inutile.

Nous avons eu le regret de constater que ces excellentes prescriptions de M. le Gouverneur général sont inappliquées sur beaucoup de points et que des arbres subsistaient encore dans la plupart des grandes tranchées de protection.

On nous a objecté, il est vrai, le coût élevé de cette opération.

Cette objection ne saurait être retenue, car les chênes-liège représentent une valeur en tanin, liège et bois, bien supérieure aux frais d'abatage, et l'on peut affirmer que leur vente sur pied à des entrepreneurs forestiers permettrait de réaliser une recette appréciable.

Mais l'intérêt des grandes tranchées n'est pas limité au seul fait qu'elles peuvent servir de barrière efficace contre les incendies.

Leurs surfaces importantes, composées parfois d'excellentes terres, pourraient être utilisées pour y installer des villages où l'on pourrait trouver la main-d'œuvre nécessaire pour les exploitations forestières voisines.

Ces ouvriers cultiveraient les terres, empêchant ainsi la broussaille de se reconstituer, et il serait légitime de les faire bénéficier des pâturages.

Ces villages seraient la sauvegarde de nos forêts, car l'expérience prouve que celles-ci n'ont pas de meilleurs défenseurs que ces ouvriers hospitalisés par elles.

En effet, ces ouvriers procureraient un noyau de travailleurs expérimentés et dévoués qui, se trouvant sur place, rendrait les plus grands services, surtout au début des incendies.

En concédant aux ouvriers forestiers toutes les portions cultivables des grandes tranchées, ainsi que les parties de boisements ruinés et les grandes clairières, ceux-ci se trouveraient directement intéressés à la conservation de la forêt qui deviendrait leur unique gagne-pain.

Ils auraient donc tout à perdre si elle venait à être détruite et ils auraient un puissant intérêt à exercer une surveillance efficace.

Nous ne saurions trop insister pour que l'Administration entre sans tarder dans la voie que notre longue expérience forestière nous fait un devoir de lui signaler.

Jamais moment n'a été plus propice pour faire un essai de village de ce genre dans la région de La Calle. Sur les quarante mille hectares de forêts qui ont été incendiés d'été dernier, il existe certainement des parcelles sur lesquelles le boisement n'était constitué avant l'incendie que par des broussailles sans valeur et qu'il n'y a aucun intérêt à reconstituer dans leur état primitif.

Il faut saisir l'occasion qui s'offre d'introduire de larges solutions de continuité dans ce massif trop compact. Les terrains ne manquent pas qui conviendraient à l'installation de groupements indigènes, auxquels on pourrait concéder, en prélevant des parcelles sur la forêt brûlée, la jouissance d'un petit terrain de culture et des terrains de parcours d'une étendue suffisante pour l'entretien du bétail indispensable à l'existence d'une famille.

Nous l'avons dit au début de cette étude, aucun sacrifice financier ne saurait être refusé à l'œuvre de protection de nos forêts, dont l'intérêt général dépasse de cent coudées tous les autres.

La seconde mesure importante, préconisée par M. le Gouverneur général Abel, vise les incinérations méthodiques des étendues broussailleuses servant de parcours dans les forêts et dans les communaux.

Ces incinérations sont destinées à assurer la régénération des pâturages, par le soin des administrations intéressées, de telle façon que les pasteurs ne puissent plus éprouver le besoin de procéder eux-mêmes à ces opérations, toujours dangereuses pour les boisements voisins et auxquelles ils se livrent sans discernement.

Il faut bien considérer que les pasteurs usagers ne désirent pas avoir à leur disposition des étendues considérables pour leurs troupeaux. Ce qu'ils recherchent avant tout, c'est la qualité du pâturage, qui disparaît aussitôt que les broussailles sont devenues trop hautes pour permettre l'éclosion de l'herbe et surtout du diss.

Nulle mesure ne saurait être plus utile que celle-ci et en l'appliquant méthodiquement et régulièrement à toutes les surfaces broussailleuses de la Colonie, elle supprimerait sans contredit une des principales causes des incendies de forêts.

Ces prescriptions fort judicieuses et particulièrement appropriées à la mentalité de nos pasteurs n'ont pas reçu jusqu'à présent une application suffisante par suite de la crainte qu'éprouvent les fonctionnaires chargés de ce soin de voir communiquer le feu aux boisement voisins.

Il nous est agréable de constater que des instructions très précises leur ont été données à nouveau par M. le Gouverneur général et que des crédits ont été mis à leur disposition pour rémunérer la main-d'œuvre nécessaire.

Ces opérations nécessitent, en effet, l'ouverture de tranchées de protection et elles exigent la présence de nombreux ouvriers pour procéder aux mises à feu et pour empêcher l'incendie de déborder les limites tracées.

Nous faisons des vœux pour que ces incinérations soient pratiquées sur une vaste échelle partout où elles paraîtront nécessaires et qu'elles soient poursuivies sans relâche avant l'été prochain.

La troisième mesure importante préconisée par M. le Gouverneur général Abel vise à organiser la mobilisation des populations riveraines en vue de concourir à l'extinction des incendies.

Nulle mesure de préservation ne présente plus d'efficacité que celle-ci et pourtant nous constatons avec regret qu'il n'a été tenu aucun compte de cette excellente disposition.

Tous les rapports des agents, concernant les incendies survenus l'été dernier, signalent le peu d'empressement qu'ont mis les riverains à se porter au-devant de l'incendie et reconnaissent que le plus grand nombre d'entre eux se sont dérobés à leur devoir.

L'Inspecteur des forêts de Bône déclare en propres termes que si la forêt de Bou-Abed a brûlé presque en entier, c'est que les secours firent constamment défaut au début des incendies ; il relate que le 7 août notamment, il n'avait que 40 hommes sur les 400 que compte le douar Merdès.

Il ne faut pas perdre de vue qu'un incendie combattu à son origine peut, dans la plupart des cas, être éteint rapidement ou, tout au moins, circonscrit facilement, tandis que, lorsqu'il a pris une certaine extension, il devient impossible de l'enrayer.

Il est donc indispensable que les agents des forêts et des communes mixtes puissent se porter sans délui au-devant d'un incendie aussitôt qu'il leur a été signalé, avec le plus grand nombre d'hommes possible.

Ce résultat paraît de plus en plus difficile à obtenir par suite de la mauvaise volonté évidente et de la force d'inertie qu'opposent les populations.

Il faut reconnaître, d'ailleurs, que depuis la suppression de l'indigénat, l'autorité des administrateurs et des caïds a presque entièrement disparu et qu'il leur est impossible, dorénavant, de se faire obéir de leurs administrés.

Nous assistons là à la plus grave des crises, celle de l'autorité des Pouvoirs publics, et nous ne pouvons que le regretter bien sincèrement car il peut en résulter les pires dangers.

Mais nous avons la conviction qu'il serait facile de réagir contre un état de choses si préjudiciable aux intérêts généraux de ce pays et le moyen qui a été préconisé par M. le Gouverneur général Abel, pourrait certainement aider à ce résultat.

Rien ne s'oppose, en effet, à ce que chaque année un état de mobilisation soit dressé dans chaque douar intéressé, par les soins combinés de l'Administration des forêts et des communes mixtes.

Avant et pendant la saison chaude, des réunions fréquentes, auxquelles seraient tenus d'assister les membres des Djemaâs et tous les habitants, serviraient à rappeler aux populations leurs obligations et la mission qui leur incombe en cas d'incendie.

Le poste de chacun devrait être prévu et l'organisation des moyens de défense ne devrait rien laisser au hasard.

Nous sommes persuadés que des essais répétés de mobilisation donneraient d'excellents résultats, non seulement en instruisant exactement les populations de leurs devoirs, mais en leur prouvant que toute défaillance ne saurait passer inaperçue et serait sévèrement réprimée conformément à la loi.

Il y aurait lieu, également, d'envisager pendant l'été, la constitution de brigades spéciales chargées de conduire au feu les habitants des mechtas limitrophes des forêts.

Il suffirait ,dans ce but, de détacher dans ces mechtas des cavaliers de commune mixte ou de créer des agents spéciaux temporaires qui seraient rétribués et responsables.

Nous insistons particulièrement sur le côté pratique qu'offre cette proposition facile à réaliser.

Les autres mesures préventives préconisées par M. le Gouverneur général Abel sont plus connues et sont appliquées depuis longtemps. Nous les relatons rapidement pour être complet.

Ces mesures consistent dans l'établissement de postes-vigies pendant la période des chaleurs, et dans la création de lignes téléphoniques dont la plupart des maisons forestières sont actuellement pourvues.

Elles envisagent l'emploi fréquent en forêt pendant l'été de chantiers appliqués aux travaux de récoltes, d'ouverture de chemins, de tranchées et de débroussaillements.

Elles règlementent la surveillance des voies ferrées et rappellent les obligations diverses qui incombent aux Compagnies de chemins de fer.

Elles fixent les tournées de surveillance du personnel administratif, auquel tout congé est interdit pendant la saison chaude.

Elles recommandent l'envoi de détachements militaires en forêts et la circulation de brigades forestières ambulantes.

Ces différentes mesures présentent un incontestable intérêt et il convient de les appliquer sans relâche et sans défaillance.

Elles font partie, d'ailleurs, du programme de surveillance à outrance que nous préconisons et il est bien évident qu'elles constituent autant d'entraves nouvelles à la malignité et à l'audace des incendiaires.

Mais il est une autre mesure de préservation que nous suggère la loi forestière et qui nous paraît peut-être encore plus efficace que toutes celles que nous venons d'examiner.

Nous avons signalé dans le chapitre précédent qu'il ressort de tous les rapports des agents des différentes administrations que ce sont les gros détenteurs de troupeaux de commerce qui ont le plus d'intérêt à faire mettre le feu aux forêts.

Nous faisions remarquer que ces maquignons, européens et indigènes algériens ou tunisiens, accaparent, au mépris de la loi et sans aucun droit, les parcours forestiers réservés aux seuls usagers, ainsi que les pâturages des communaux de douars réservés aux seuls animaux des habitants des douars.

Or, rien ne serait plus facile d'empêcher ces maquignons d'exercer leur action malfaisante et il suffit de leur appliquer purement et simplement la loi forestière du 21 février 1903.

Pour parvenir à ce résultat, il suffirait d'obliger les administrateurs de commune mixte à fournir chaque mois à l'Administration forestière deux listes distinctes des détenteurs d'animaux pâturant dans leurs communes : la première comprendrait les noms des usagers et le nombre des bêtes à leur propre usage ayant droit au parcours suivant les dispositions des articles 60, 67 et 68 du Code forestier; la seconde comprendrait les noms des détenteurs de bêtes de commerce qu'il est impossible au garde forestier de connaître avec certitude.

En possession de ces renseignements indispensables, le service forestier se trouverait à même de pouvoir faire respecter la loi en interdisant impitoyablement le parcours aux bêtes de commerce.

Il saute aux yeux qu'à partir du moment où les détenteurs de bêtes de commerce se verront régulièrement et légalement refuser le parcours en forêts, ils perdront tout désir d'y mettre le feu dans le but d'en régénérer les pâturages.

Mais il est bien évident également que cette interdiction ne pourra porter ses fruits qu'à la condition expresse que la surveillance soit suffisante pour les empêcher de faire pacager leurs animaux en fraude.

Cette mesure, dont l'efficacité ne saurait être douteuse, n'a évidemment en soi rien de bien inédit, puisqu'il ne s'agit que d'appliquer la loi, mais nous pouvons affirmer que ce moyen légal n'a été pour ainsi dire jamais utilisé.

Cet état de choses est très préjudiciable aux intérêts généraux du pays et il apparaît comme d'autant plus inique que semblable faveur a toujours été impitoyablement refusée aux colons français.

Il convient donc de rappeler énergiquement la haute Administration au respect des lois qu'elle est la première à laisser violer et de lui déclarer qu'en persévérant dans ses déplorables errements, elle engage lourdement sa responsabilité.

Mesures de Répression

Dans sa circulaire du 3 mars 1921, M. le Gouverneur général Abel a indiqué excellemment les mesures à prendre pour infliger aux incendiaires le juste châtiment de leur crime et pour prévenir le retour de leurs agissements si préjudiciables aux intérêts généraux du pays.

M. le Gouverneur général Steeg a confirmé, dans sa circulaire du 14 décembre 1922, les directives données par son prédécesseur et il insiste à son tour pour que la répression contre les incendiaires soit aussi énergique que complète ; il donne, en outre, des instructions précises pour que les délits de pâturage après incendie soient sévèrement réprimés.

Quelle sont les sanctions ?

La loi forestière a prévu, dans son article 130, deux moyens de répression : l'amende collective et le séquestre.

Lors de l'examen du projet de loi relatif aux incendies, le rapporteur de la Commission du Sénat, M. Picard, écrivait, en 1874 :

« Quand la répression individuelle est impuissante, il convient de recourir à la responsabilité collective ; la responsabilité des tribus en cas d'incendie de forêts n'est qu'une application du principe de la responsabilité des communes en cas de troubles ; elle se justifierait encore au besoin par l'état de la propriété en Algérie dont la forme est collective. Aussi la Commission toute entière s'est rendue à cette nécessité, tout en recommandant à l'esprit de justice du Gouvernement de ne pas exagérer les effets de cette arme puissante. Le séquestre est une voie d'exécution indispensable pour percevoir les amendes collectives et pour atteindre les vrais coupables en intéressant la tribu à la répression. Le séquestre est destiné à produire une grande et nécessaire impression sur l'esprit des populations en leur montrant, par des actes visibles, que le Gouvernement a la volonté et la puissance d'agir ».

L'éminent hommes d'Etat que fut Jules Ferry disait devant le Parlement, quelques années plus tard, qu'il convenait « d'user de moyens de rigueur pour conserver à l'Algérie cette richesse de l'avenir contre laquelle se trouvent naturellement conjurés toutes les avidités, toutes les imprévoyances, toutes les misères ».

Ce sont ces mêmes considérations qui ont déterminé le législateur à voter, en 1903, l'article 130 de la nouvelle loi forestière destinée à l'Algérie.

Il n'est pas sans intérêt de rappeler que des moyens de répression analogues ont dû être employés en France en 1756, à une époque où le niveau moral des paysans français était certainement très supérieur à celui que nous constatons aujourd'hui chez les populations arabes des campagnes.

C'est donc d'une modification profonde de la

mentalité des indigènes, d'une transformation de leurs habitudes ancestrales, d'un relèvement sensible de leur niveau moral, d'un accroissement général de leur bien-être, qu'il faut attendre l'abandon définitif de leurs pratiques incendiaires actuelles, et par voie de conséquence, l'abandon, tout comme en France il y a un siècle et demi, des moyens exceptionnels de répression. —

Il s'agit là d'une évolution profonde qui ne laissera pas de demander encore beaucoup de temps et de persévérants efforts.

Mais si nous estimons que l'article 130 doit être respecté, nous n'hésitons pas à dire qu'il ne doit être appliqué qu'à bon escient et en toute connaissance de cause.

Nous pensons, et c'est bien là, d'ailleurs, l'esprit de la loi, qu'une sanction collective ne peut être appliquée que s'il est démontré que l'incendie est le résultat d'un concert préalable et d'une entente établie entre les habitants d'une même région.

Les incendies des Beni-Salah, de l'été dernier, semblent devoir être rattachés à cet ordre de faits.

Nous sommes amenés à constater, en effet, qu'un très grand nombre de foyers ont été allumés simultanément dans les différentes parties de cet important massif et, charge aggravante, des mises à feu ont été signalées en différents points de la périphérie de cet incendie, alors que des équipes avaient été réquisitionnées pour le combattre. —

Les rapports de tous les agents de l'Administration signalent que les indigènes appelés à combattre le feu n'ont pas hésité à aggraver le mal par des mises à feu supplémentaires.

Une grande quantité d'hommes a donc concouru à propager cet incendie et malgré toutes les recherches et toutes les investigations, il a été impossible de découvrir aucun des incendiaires.

Sans avoir à nous prononcer sur la question des responsabilités, il semble bien, d'après les différents rapports officiels, que l'incendie des Beni-Salah résulte nettement d'un concert préalable.

Dans ce cas, l'amende collective paraît équitable car elle doit frapper non seulement les incendiaires, mais également ceux qui se sont rendus leurs complices en ne les dénonçant pas.

Mais si l'application de cette mesure de coercition paraît s'imposer dans le cas qui nous occupe, il conviendrait qu'elle soit effective et non pas simplement théorique, comme cela se produit constamment.

Il convient de signaler, en effet, que les amendes collectives dont ont été frappées ces mêmes tribus en 1910, en 1913 et en 1919, *n'ont jamais été payées*, et l'on peut dire que, d'une façon générale, il en est presque toujours ainsi.

Aussi cette mesure, qui est destinée à produire une impression salutaire, est-elle devenue purement ilusoire et il y a longtemps que cet épouvantail a achevé de sombrer sous le mépris universel des populations.

Le séquestre apparaît comme le seul moyen pratique et efficace de rendre l'amende effective.

Mais pour que la forêt retire un bénéfice certain de son application, il faut que celle-ci intéresse une zone territoriale suffisante en bordure des massifs à préserver.

De cette manière, les ennemis de la forêt seront refoulés avec certitude et cette opération peut, dès lors, offrir de réels avantages au point de vue de sa protection.

Il convient, toutefois, de bien préciser que la zone ainsi séquestrée ne devrait, sous aucun prétexte, faire jamais retour aux incendiaires.

Il serait puéril, en effet, de supposer que le fait d'avoir souffert du séquestre puisse entraîner une modification profonde dans la mentalité de ces derniers.

Du moment que leurs conditions de vie demeurent les mêmes, les mêmes raisons les entraîneront tôt ou tard à retomber dans les mêmes fautes.

Pour être efficace, la sanction doit donc être définitive, et ce n'est qu'à cette condition formelle qu'elle pourra produire son plein effet.

D'ailleurs, les zones ainsi séquestrées pourraient servir à caser des ouvriers indigènes, dont la main-d'œuvre serait utilisée aux travaux forestiers et offrirait un secours immédiat et dévoué en cas d'incendie. Ces ouvriers berbères ne nous sont pas hostiles et il serait de bonne politique de les soustraire à la domination féodale des kébirs, qui les dirigent et les exploitent au détriment de l'intérêt général.

Mais si l'amende collective et le séquestre s'imposent dans certains cas déterminés, il ne nous paraît pas que ces sanctions puissent constituer une panacée universelle, du moment que leur application ne saurait être généralisée sous peine d'injustice grave.

A notre avis, le moyen le plus efficace de traquer les incendiaires et de leur enlever tout désir de recommencer consiste surtout et par *tous* les moyens à empêcher le pacage des animaux dans les forêts incendiées.

Il tombe sous le sens qu'il convient avant tout de rendre pratiquement inaccessible aux troupeaux les surfaces incendiées, car si l'on peut parvenir à ce résultat, ce serait tuer le mal dans son germe.

L'incendiaire qui a mis le feu entend créer une bonne affaire, représentée par la richesse du pâturage obtenu.

Il s'agit donc de déjouer les calculs de ces criminels en rendant complètement impossible l'exploitation et la jouissance de cette richesse délictueusement créée.

Comment obtenir dans la pratique une interdiction effective du pacage en forêt incendiée ?

La loi forestière fournit une arme, qui est évidemment insuffisante, mais qu'il convient cependant d'utiliser au maximum en attendant qu'il soit demandé au législateur de la renforcer par des mesures plus rigoureuses visant particulièrement les récidivistes.

La loi a prévu des amendes pour les pacages exercés dans les forêts incendiées depuis moins de six ans.

Outre que ces amendes sont notoirement insuffisantes, l'étendue considérable des triages ne permet pas aux gardes d'assurer une surveillance efficace et de relever un nombre suffisant de délits.

Aussi, les pasteurs ont-ils beau jeu pour se rire des rigueurs de la loi et si parfois il leur advient de se voir infliger un procès-verbal, ils n'en ont cure, car il s'agit là pour eux d'une faible dîme à payer, qui est largement compensée par le merveilleux engraissement de leurs animaux.

Et puis les incendiaires savent s'organiser pour jouir en paix du fruit de leurs crimes.

Ils n'hésitent pas le plus souvent à faire accompagner leurs animaux au pâturage, pendant la nuit, par de véritables bandes d'hommes armés.

Cet état de choses, de beaucoup le plus fréquent, crée au garde forestier une situation pleine de périls.

Celui-ci, seul avec sa femme et ses enfants, dans une maison forestière isolée au milieu de massifs impénétrables, se sent épié par des ennemis invisibles, prêts à se porter à toutes les extrémités.

Quelle peut-être l'attitude du garde ainsi exposé à de pareils dangers ? Ou bien il doit se conduire en héros et risquer sa vie presque quotidiennement, sans compter les vengeances de toutes sortes auxquelles il devient en butte, ainsi que toute sa famille ; ou bien il lui faut assister impuissant aux agissements de bandits audacieux.

Ce simple aperçu indique suffisamment la gravité d'une situation qui ne cesse d'empirer.

Pour y mettre un terme, les circulaires gubernatoriales préconisent la formation d'équipes de chasse chargées, sous la direction du personnel forestier, de réunir tous les animaux surpris en train de pâturer dans les cantons incendiés et de les conduire au séquestre. Ces équipes, composées d'ouvriers européens ou d'indigènes étrangers à la région, doivent être assez nombreuses pour effectuer de véritables râfles de bestiaux et doivent fonctionner de jour et de nuit.

Théoriquement, cette conception paraît séduisante et propre à améliorer sérieusement la situation.

Pratiquement, il n'en va pas ainsi pour les raisons suivantes invoquées par les agents des forêts eux-mêmes.

Les délinquants ont, en effet, répondu immédiatement à cette organisation de répression par une organisation de défense encore plus efficace et très développée.

Ils possèdent, tout d'abord, un service de renseignements qui les tient immédiatement au courant des moindres faits et gestes tentés par les équipes de chasse.

Ils connaissent sur l'heure et souvent même à l'avance, les points de concentration, la direction suivie et jusqu'à l'itinéraire prévu des équipes de chasse.

Ces renseignements leur sont portés à longue distance et leur permettent de rassembler leurs animaux et de les faire sortir de la forêt brûlée avant l'arrivée de leurs poursuivants.

Cette situation n'a rien de bien mystérieux; elle résulte simplement de l'entente qui s'établit rapidement, moyennant finances, entre les riches maquignons et certains hommes des équipes et même des assès attitrés des maisons forestières.

Pourtant le problème n'est pas insoluble et nous sommes persuadé qu'il pourrait heureusement être résolu si l'on utilisait la méthode suivante :

Chaque cantonnement devrait posséder plusieurs brigades ambulantes, composées chacune d'un brigadier et de trois gardes auxquels seraient adjoints des ouvriers européens ou indigènes.

Chacune de ces brigades ambulantes devrait assurer le service de répression dans les cantonnements voisins, en alternant dans chaque cantonnement. Le jour choisi pour chaque tournée, ainsi que les itinéraires, devraient être fixés quotidiennement par l'Inspecteur des forêts, suivant un tableau de travail arrêté entre lui et les chefs de cantonnement.

Il deviendrait ainsi très difficile aux délinquants de connaître la composition de brigades ambulantes, dont le personnel devrait être interchangeable, et de se renseigner sur leurs itinéraires.

Le fonctionnement de ces brigades ambulantes entraînerait, sans contredit, une répression rapide et énergique.

Ce serait la fin assurée du pacage dans les forêts incendiées et par voie de conséquence, ce serait la fin des mises à feu intentionnelles dans le but de régénérer les pâturages.

L'incendie cessant d'être une bonne affaire, personne n'aurait plus d'intérêt à mettre ou à faire mettre le feu.

Mais il convient de bien préciser que l'action des brigades ambulantes, qui ne peut qu'être très efficace, entraînera sans aucun doute des complications avec les délinquants.

Nous avons le ferme espoir que la haute Administration ne se laissera pas émouvoir par les criailleries des incendiaires et qu'elle poursuivra résolument son œuvre d'assainissement.

Elle devra, en outre, récompenser les bons serviteurs, auxquels sera dû l'accomplissement de cette œuvre méritoire, car elle aura à tenir compte des dangers qu'ils auront affrontés et des fatigues qu'ils auront subies.

Dans ce but, il est indispensable de prévoir des primes en faveur des préposés forestiers qui se distingueront par leur zèle et par leur courage.

Cette prime qui pourrait représenter, par exemple, 1 franc par bête saisie, ne constituerait, d'ailleurs, qu'une faible compensation à ces modestes fonctionnaires.

Ceux-ci se trouvent frustrés, en effet, du fait des incendies, des avantages en nature que l'Administration leur a consentis, en les autorisant à faire pacager en forêt un nombre réglementaire d'animaux.

La création de brigades ambulantes et les primes à attribuer au personnel forestier devant entraîner des dépenses assez élevées, il est logique que la plus grande partie de ces frais soit payée par ceux-là mêmes qui les auront provoqués.

A cet effet, la mainlevée du séquestre des animaux saisis dans le brûlé ne devrait être donnée que moyennant le paiement d'un cautionnement réel en argent représentant le total des amendes calculées au maximum des dommages et intérêts et des frais encourus.

A défaut de paiement, les animaux devraient être vendus aux enchères publiques dans un délai de huit jours après saisie, et le montant du prix de vente devrait être appliqué au remboursement des frais de répression.

Si l'Administration veut entrer résolument dans la voie que nous lui traçons, et si elle est décidée à appliquer sans faiblesse et sans fausse sentimentalité les mesures de répression que nous préconisons, nous avons la ferme conviction que l'Algérie verra rapidement la fin d'un état de choses qui menace d'anéantir à brève échéance son patrimoine forestier.

Il semble qu'il ne puisse y avoir d'hésitation à en terminer une bonne fois pour toutes avec cette plaie du banditisme qui constitue un retour à la barbarie et une régression marquée de la civilisation.

Un peuple sans forêt est un peuple qui meurt, a dit Theuriet.

Cette forte parole devrait faire l'objet des méditations constantes de nos dirigeants, car elle s'applique étrangement à notre situation.

J. BARRIS DU PENHER.

Avril 1923.

www.ingramcontent.com/pod-product-compliance
Lightning Source LLC
LaVergne TN
LVHW050222180726
843501LV00013BA/2194